AF377421

# THÈSE
# POUR LA LICENCE,

Soutenue le 19 août 1851,

Par ÉDOUARD FOUSSIER,

NÉ A PARIS, LE 23 JUILLET 1824.

PRÉSIDENT : M. PELLAT, *doyen*.

PROFESSEURS :
- MM. BONNIER.
- COLMET D'AAGE.
- ROUSTAIN.
- DELZERS.

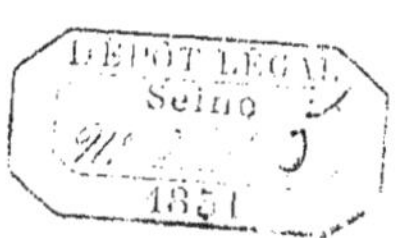

Le Candidat répondra en outre aux questions qui lui seront adressées sur les autres matières de l'Enseignement.

## PARIS.

TYPOGRAPHIE DE Mme Ve DONDEY-DUPRÉ,
Rue Saint-Louis, 46, au Marais.

1851

# JUS ROMANUM.

⸺◦◦◦◦⸺

## TITULUS PRIMUS.

### DE ANNUIS LEGATIS ET FIDEICOMMISSIS.

### (Dig. lib. XXXIII.)

Annuum intelligitur legatum, cum certa quantitas relinquitur, non semel, sed quoties certum temporis spatium recurrit, præstanda, id est annos singulos vel etiam dies.

Videamus primo quæ sit eorum natura, quando dies eorum cedat, et ubi præstanda sint.

Si quis in annos singulos leget, non unum, sed plura sunt legata, cum si quis contra in singulos annos stipuletur, una sit stipulatio. Unde sequitur, non semel sed per singulos annos diem cedere, et per singula legata jus capiendi inspici debere. Initio cujusque anni hujus legati dies cedit, non semper tamen statim inito anni dies venit et exigi possit. In singulos annos relictum legatum simile est usuifructui, cum morte finiatur; abe o distat cum capitis diminutione non finiatur; et per annum solidun transeat ad heredem legatarii, si ingressu anni decesserit legatarius. Imo legati ususfructus dies adita demum hereditate cedit, annui autem ex die mortis Paulus enim : si in singulos annos alicui legatum sit, Sabinus, cujus sententia vera est, plura legata esse ait et primi anni purum, sequentium conditionale ; videri enim hanc inesse conditionem, si vivat.

Legatum annuum, cum civitati relinquitur, in perpetuum durat.

Legatum annuum in adscripto loco præstandum est, et cum locus non sit adscriptus, quocunque petatur, sicuti ex stipulatu aut nomine facto dari debet.

Nunc videamus quæ legata annua intelligantur, et quomodo distinguantur a cæteris. Hoc enim interest cum annuum plura legata, altera vero species unicum legatum cujus dies semel cedit, contineat.

In hoc plures inspiciendæ sunt regulæ. Quum indefinitus est numerus annorum aut mensium in quos relinquitur legatum, magis intelligitur legatum annuum esse relictum. Si finitur annorum numerus, veluti Titio dena usque ad annos decem, Julianus distinguit : si quidem alimentorum nomine legatum fuerit, plura esse legata et futurorum annorum legatum, legatario mortuo, non ad heredem transire. Si vero non pro alimentis legavit, sed in plures pensiones, exonerandi heredis gratia, divisit, hoc casu ait omnium annorum unum esse legatum et intra decennium decedente legatario, etiam futurorum annorum legatum ad heredes transmitti. Præsumitur annuum esse legatum vel ex adverbio doneo, vel ex eo solo quod quanitas eo die præstanda relinquatur, qui natura sua recurrere solet.

# TITULUS II.

DE USU ET USUFRUCTU ET REDITU ET HABITATIONE, ET OPERIS PER
LEGATUM VEL FIDEICOMMISSUM DATIS.

Primum hoc observandum est utrum ususfructus an proprietas
vel alia res legata sit. Id autem ex circumstantiis et consuetudine
patrisfamilias æstimari debet. Ususfructus legatur vel simpliciter
vel in singulos annos, alternisvel annis. Quum simpliciter legatur,
unum est legatum et dies semel cedit. Quum in singulos annos vel
menses, plura legata esse existimo, unde tot cedunt dies quot adjecta
tempora. Idem est cum ususfructus alternis legatur temporibus,
aliud autem in servitutes aquæ et viæ, quoniam istæ scrvitutes
habent, natura sua, intermissionem.

### *De obligationibus heredis et legatarii.*

Cum bona legata sunt quæ ipso usu consumuntur, cautio de his
restituendis præstari debet. Nomina a defuncto facta in solidum cum
usuris dari debent superque his cavebitur. Cum autem ab herede
nomina facta sunt sortes tantum debentur nisi moram heres fecerit;
tum enim usuras quæ ex mora veniunt, præstabit, neque de his
cavebitur. Ususfructus universorum bonorum non percipitur nisi
deducto ære alieno ; cum autem certarum rerum legatur ususfructus, æs alienum onerat hereditatem.

Tributa vero quæ pro prædiis aut moventibus deberi et reddi solent, legatario incumbunt.

Cum partis bonorum legatur ususfructus, heredis est electio utrum
bonorum an æstimationis usumfructum præstet.

Interdum dubitari potest an usus an alia servitus relicta intelligi debeat, verbi gratia, cum legatur usus aquæ, dubitari potest an servitus prædialis aquæ relicta sit. Docet Modestinus usum præsumi relictum.

Interest utrum unum vel plura contineat legatum habitationis, quod ex verbis testamenti apparet.

Operarum legatum non est ususfructus; itaque nec non utendo nec morte nec capitis diminutione extinguitur. Si quis autem alii usumfructum, alii proprietatem servi legaverit, et alienatus vel usucaptus fuerit servus, ususfructus perit legatum.

A petitione cedit operarum dies; unde, si post petitionem servus ægrotaverit, legatario peribunt operæ.

### DE ALIMENTIS ET CIBARIIS LEGATIS.

Speciale est in legato et fideicommisso alimentorum ut relicta in his ipsis quibus non est factio testamenti benigne sustineantur.

Inde servo suo sine libertate legata alimenta præstari debent.

Legatis alimentis, cibario et vestitus et habitatio debentur, quia sine his corpus ali non potest; cætera quæ ad disciplinam pertinent, legato non continentur, hoc legatum aquam continet in quibus regionibus aqua venditur; sed et potest expresse legari aqua, neque hoc legatum confundendum erit cum servitute prædialis aquæ.

Cibariis relictis, neque habitationem, neque vestitum, neque calcearium deberi palam est, quoniam de cibo tantum testator sensit. Non satis est in hoc legato heredem offerre legatario ut mensæ assideat, sed et pecuniam ei ad vescendum præstare tenetur.

Quanta autem pecunia sit, si non expresserit testator, ex consuetudine et facultatibus defuncti et caritate ejus cui fideicommissum datum erit inspiciendum.

Alimenta currunt ex quo dies legati cedit, non ex mora. Alimenta enim relicta instar sortis non usurarum debentur. Tamdiu præstantur quamdiu voluit testator, aut si non patet quid 'senserit, per totum vitæ tempus. Si quis ea quæ vivus præstabat legavit, ea præstabuntur quæ mortis tempore præstare solitus erat, et si alia quantitas legato expressa est, non taxationis, sed demonstrationis gratia adjecta censetur ; falsa autem demonstratio legatum non perimit.

Quum indeterminate libertis, quæ vivus præstabat, testator reliquit, his legasse videtur, qui certum quid annuum aut menstruum ab eo accipere consueverant ; et quidem etiam illis quibus hoc præstare ab aliquot annis desiisset, forte propter eorum absentiam, præstiturus si hæc causa absentiæ cessasset. Quod si dixisset omnibus libertis, etiam illis quibus nihil præstare consueverat legatum relictum videbitur.

Legatorum executio, sive heredi aut legatario, sive alteri cui nihil relictum interdum etiam demandatur.

Cum heredi aut legatario, nihil aliud est executio quam fideicommissum alimentorum. Hinc si executor id quod sibi relictum est agnoscat, non potest hoc onus recusare, imo ad heredem transmittit. Si quidam ex alimentariis deficiunt, pecunia quæ in alimenta eroganda relicta est lucro executoris cedit.

Cum alteri cui nihil relictum mandatur executio, tum is nudus executor est et minister. Favore tamen alimentorum agere potest ut sibi pecunia præstetur unde alimenta præstari testator voluit. Cum nulli, solent judices quoties plures sunt heredes, sive libertos, dividere, ne a singulis heredibus minutatim alimenta petentes distringantur, sive unum eligere per quem alimenta præstentur, ut rescripto divi Antonini apparet.

# DES TESTAMENTS.

On divise les différents modes d'acquérir la propriété en deux grandes classes :

1° Acquisition à titre onéreux, 2° à titre gratuit.

Cette division n'est pas seulement théorique, elle est d'une grande importance pratique, ainsi qu'on peut le voir par les dispositions contenues dans les articles 913, 920, 932, 939 et 1422 du Code civil.

Nous n'avons à nous occuper que des acquisitions à titre gratuit. Il en est deux espèces : 1° la donation entre vifs, art. 893-917, et 2° la disposition testamentaire, art. 967, etc. Quant à la donation à cause de mort, donation bâtarde qu'il est souvent difficile de distinguer soit de la donation entre vifs, soit de la donation testamentaire, le législateur l'a complétement proscrite de nos lois, art. 913.

Les dispositions testamentaires feront seules l'objet de notre étude ; et suivant complétement l'ordre suivi par le Code, nous examinerons d'abord qu'est-ce qu'un testament? combien il y a d'espèces de testament? quelles sont les conditions nécessaires pour la valadité d'un testament? et enfin quelles sont les différentes espèces de legs et leurs effets?

Le testament est l'acte par lequel une personne dispose pour le temps où elle n'existera plus de tout ou partie de ses biens et qu'elle peut révoquer.

Le Code reconnaît trois formes de testaments :

1° Le testament olographe, 2° le testament authentique, 3° le testament mystique.

Remarquons ici qu'en matière de testament le législateur ne s'en est pas rapporté aux règles générales, les preuves. L'art. 1341 ne leur est pas applicable, et un legs, quelque minime qu'il soit, ne peut jamais être prouvé par témoins ; toutefois nous pensons que lorsque l'acte qui a été dressé, a été anéanti par un cas fortuit ou supprimé par le fait d'un tiers, soit depuis la mort du testateur, soit, même de son vivant, s'il est mort sans en avoir une connaissance utile, on pourrait, conformément aux dispositions de l'art. 1348 du Code civil, prouver par témoins que le testament a été régulièrement fait, que toutes les formalités ont été observées.

Ainsi il est une règle absolue applicable à tous les testaments, essentielle à leur validité, c'est qu'ils soient constatés par écrit.

Le testament olographe doit, pour être valable, être daté, signé et écrit en entier de la main du testateur. Du reste aucune autre formalité n'est exigée. Il peut même être écrit sur un mur, sur une porte.

Ce testament olographe étant un acte sous-seing privé, aux termes de l'art. 999 du Code civil, c'est à celui qui l'invoque à en prouver la véracité ; de là il suit que les héritiers du testateur peuvent méconnaître, sans s'inscrire en faux, l'écriture et la signature du testateur. Toutefois il fait foi de sa date, même à l'égard des tiers, comme les actes authentiques.

2° *Testament authentique*. Soumis comme acte notarié aux formalités prescrites par la loi du 25 ventôse an XI sur le notariat, le législateur l'a astreint, comme testament, à des règles toutes spéciales — ainsi :

1° Le testateur doit dicter ses dispositions à un notaire assisté d'un autre notaire et de deux témoins, ou, à défaut d'un second notaire, de quatre témoins ;

2° Le notaire doit les écrire telles qu'elles lui sont dictées ;

3° Il doit en donner lecture au testateur en présence des témoins ;

4° Le testament doit contenir la mention expresse de l'accomplissement de chacune des formalités qui viennent d'être indiquées ;

5° Il doit être signé de toutes les personnes qui ont pris part à la confection du testament, excepté dans le cas prévu par l'art. 974 du Code civil, c'est-à-dire s'il a été fait à la campagne, car alors la loi n'exige plus que la signature de l'un des deux ou de deux des quatre témoins.

6° Il doit de plus contenir, aux termes des art. 12 et 68 de la loi de ventôse, la mention du lieu où il a été fait. L'omission de cette formalité n'entraînerait pas la nullité du testament, elle donnerait seulement lieu contre le notaire à une amende de 1,000 fr.

3° Le testament mystique. Comme le testament olographe et le testament authentique, cette 3° forme de testament est soumise par la loi à certaines formalités essentielles à sa validité. Ainsi : il faut qu'il soit écrit de la main du testateur ou au moins signé de lui ; que le papier qui le contient ou l'enveloppe sous laquelle le papier est enfermé soit clos et scellé, c'est-à-dire, fermé de telle sorte qu'on ne puisse l'ouvrir sans le déchirer ; qu'en le présentant au notaire, le testateur déclare que le contenu en ce papier est son testament écrit et signé de lui ou écrit par un autre et signé de lui ; que le notaire dresse un procès-verbal constatant l'accomplissement des formalités sus-indiquées ; que ce procès-verbal soit signé du notaire, du testateur et de six témoins. Si par suite d'un accident survenu depuis la confection du testament le testateur ne peut signer, il en sera fait mention, et si l'impossibilité de signer existait au moment où le testateur a fait écrire ses dispositions par un tiers, un septième témoin doit être appelé qui doit signer l'acte de suscription avec les six autres témoins. Le notaire doit faire mention de la cause pour laquelle le septième témoin a été appelé, et enfin la présentation du testament, la déclaration du testateur et l'acte de suscription doivent avoir lieu de suite et sans interruption *uno contextu*.

L'inobservation de l'une des formalités prescrites emporte la nullité du testament ; mais le testament qui ne vaut pas comme testament mystique ne peut-il pas valoir comme testament olographe, lorsque l'écrit qui contient les dispositions testamentaires est écrit en entier de la main du testateur, daté et signé de lui ? (V. les quest.)

Après nous avoir ainsi indiqué les différentes formes de testament et nous avoir posé en principe dans l'art. 967 que tout individu peut faire un testament s'il n'en est déclaré incapable par la loi, le législateur dans les art. 978 et 979 s'occupe des causes physiques qui empêchent de tester sous certaines formes ou qui empêchent absolument de tester.

Ainsi : 1° Les personnes qui ne savent ou ne peuvent signer, mais qui savent ou peuvent lire ne peuvent tester qu'en la forme authentique ou mystique.

2° Les personnes qui ne savent ni lire ni écrire ne peuvent tester qu'en la forme authentique.

3° Les muets incapables de tester en la forme publique peuvent tester soit dans la forme olographe, soit dans la forme mystique, sauf, s'ils testent dans cette dernière forme, à remplacer par une déclaration écrite la déclaration verbale exigée par la loi dans l'art. 976 du Code civil, et de plus la loi exige que le sourd-muet écrive lui-même son testament, le signe et le date.

4° Les sourds, s'ils savent écrire, peuvent faire un testament olographe ou mystique ; s'ils savent lire, ils peuvent, quoique ne sachant pas écrire, faire un testament mystique, mais ils ne peuvent en aucun cas tester par acte public ; s'ils ne savent ni lire ni écrire, ils ne peuvent aucunement tester.

### DES PERSONNES QUI PEUVENT ÊTRE TÉMOINS DANS UN TESTAMENT.

Le Code dans l'art. 980 a établi un système spécial sur la capacité des témoins en matière de testament. ﹇Sur ce point la législation du 25 ventôse an XI se trouve abrogée. Ainsi il suffit d'être mâle, majeur, d'avoir la jouissance et l'exercice des droits civils, et d'être sujet de la République française.

Ainsi ne peuvent être témoins dans un testament : 1° les femmes, 2° les mineurs de 21 ans, 3° les personnes qui sont privées soit de la jouissance, soit de l'exercice des droits civils ; 4° les étrangers.

Mais outre ces incapacités absolues, la loi a établi certaines incapacités relatives, art. 975 ; ce sont : 1° les légataires ; 2° leurs parents ou alliés jusqu'au quatrième degré inclusivement ; 3° les clercs des notaires qui ont reçu le testament.

Remarquons que s'il s'agit d'un testament mystique, les légataires, leurs parents ou alliés pourront parfaitement servir de témoins, car autrement le notaire ne connaissant par le testament ne saurait pas quelles personnes prendre pour témoins.

### RÈGLES RELATIVES A L'EXÉCUTION DES TESTAMENTS.

Les testaments mystiques ou olographes ne peuvent, après la mort du testateur, être mis à exécution qu'après plusieurs formalités préalables : 1° le testament doit être présenté au président du tribunal de l'arrondissement dans lequel la succession s'est ouverte ; 2° il est ouvert par ce président qui dresse un procès-verbal descriptif de l'état dans lequelle il trouve l'acte ; 3° il est ensuite déposé parmi les minutes d'un notaire désigné par le président. Quand le testament est mystique, on doit appeler, à son ouverture, ceux des notaires et témoins signataires de la souscription qui seraient encore vivants, et se trouveraient sur les lieux.

### DEUXIÈME CLASSE DE TESTAMENTS. — TESTAMENTS PRIVILÉGIÉS.

Des règles spéciales et de faveur, réclamées par les circonstances, sont établies par la loi : 1° pour les testaments militaires ; 2° pour ceux qui sont faits dans un lieu où règne la contagion ; 3° pour les testaments faits en mer ; 4° pour ceux faits par un Français en pays étranger.

### 1° *Testament militaire.*

Ce testament n'est permis qu'aux soldats et aux personnes attachées à l'armée par le gouvernement, qui se trouvent actuellement en expédition, en quartier ou en garnison, hors du territoire, ou sur un point du territoire dont les communications sont interrompues par la guerre. Il est reçu : 1° par un chef de bataillon ou d'escadron, assisté de deux témoins, ou par tout autre officier supérieur ; 2° par un sous-intendant militaire, également assisté de deux témoins ; 3° par deux sous-intendants ; 4° si le testateur est malade ou blessé, par l'officier de santé en chef, assisté du commandant militaire de l'hospice. Ce testament devient nul après six mois à partir du moment où le testateur a perdu le droit de tester militairement, et a pu faire un testament ordinaire.

### 2° *Testament fait pendant une maladie contagieuse.*

Lorsque par l'effet d'une contagion, les communications sont interrompues avec un pays, toutes les personnes qui se trouvent dans ce pays peuvent faire dresser leur testament par le juge de paix ou son suppléant, ou par le maire ou adjoints de la commune avec l'assistance de deux témoins. Ce testament reste valable pendant six mois, à compter du jour où son auteur a perdu le droit de le faire, et a pu tester dans la forme ordinaire. C'est ici le lieu de rappeler les art. 1 et 19 de la loi du 3 mars 1822, qui autorise les autorités sanitaires à recevoir d'après les mêmes règles, dans les lazarets et autres lieux réservés, les testaments des personnes qui s'y trouvent en quarantaine.

### 3° *Testament fait sur mer.*

Sur les bâtiments de l'État, il est reçu par l'officier qui commande en chef, assisté de l'officier d'administration, et sur les bâtiments de commerce, par l'écrivain du navire, assisté du capitaine et, dans tous les cas, en présence de deux témoins. En cas d'empêchements de ces personnes, le droit passe à celles qui sont chargées de les remplacer dans le service.

L'acte sera fait en double original. Si le bâtiment aborde un port étranger où se trouve un consul français, on lui remet un des doubles clos et cacheté; il le fait parvenir au ministre de la marine, et celui-ci en fait faire le dépôt au greffe de la justice de paix du domicile du testateur.

Au retour d'un bâtiment dans un port de France, les deux originaux ou celui qui reste au préposé de l'inscription maritime, qui les fait passer au ministre de la marine pour que le dépôt en soit fait comme on vient de le dire. La remise du testament est mentionnée sur le rôle du bâtiment à la marge du nom du testateur.

Le testament fait sur mer ne pourra contenir aucune disposition au profit des officiers du vaisseau, s'ils ne sont parents du testateur.

Trois mois après le débarquement, le testament est nul, si on a pu le faire dans les formes ordinaires.

Dans ces trois testaments privilégiés, le testateur, s'il n'en est pas empêché, et l'un des deux témoins au moins doivent signer, ainsi que celui ou ceux par qui l'acte est reçu. L'officier fait mention de l'empêchement et de la cause qui le détermine.

### 4° *Testament fait à l'Étranger.*

En outre du testament que le Français peut faire en pays étranger, dans les formes autorisées par la loi locale, d'après la règle *locus regit actum*, le Français peut aussi tester olographement en quelque pays que ce soit.

L'ordonnance de 1681 donnait au chancelier du consulat le droit de recevoir les testaments en présence du consul et de deux témoins. Cette ordonnance, tacitement abrogée par une circulaire de 1815, a été remise en vigueur par une autre circulaire de 1834.

Tout testament fait en pays étranger ne peut être exécuté sur les biens de France qu'après avoir été enregistré au bureau du domicile du testateur, et en outre, quand il s'agit d'immeubles, au bureau de la situation des immeubles.

### DES LEGS.

Le code, en abrogeant l'effet que les lois romaines et le droit écrit attachaient à l'institution d'héritier, reconnaît trois sortes de legs.

Le legs universel que le droit romain et l'ancien droit français ne distinguaient pas du legs à titre universel, le legs à titre universel, et le legs à titre particulier.

Le legs universel est celui qui donne un droit au moins éventuel à l'universalité des biens du testateur. Le legs qui attribuerait tel bien, puis tel autre, ne serait jamais qu'un legs particulier, alors même qu'il désignerait ainsi tous les biens du testateur ; il faut la vocation à l'universalité.

Le legs à titre universel est celui par lequel le testateur dispose : ou 1° d'une part aliquote de l'universalité de ses biens, ou 2° de l'universalité de ses immeubles, ou 3° de l'universalité de ses meubles, ou 4° d'une part aliquote de l'une ou l'autre de ces universalités.

Le legs particulier peut se définir négativement ; c'est celui qui n'est ni universel, ni à titre universel.

### EFFETS JURIDIQUES DES LEGS.

Effets actifs. — 1° Quant à la transmission des droits réels. Au contraire du droit romain, dans lequel le legs *per vendicationem* ne transférait la propriété au légataire que du jour de l'adition d'hérédité, chez nous, tout legs non conditionnel donne au légataire, du jour du décès, un droit à la chose léguée, droit transmissible à ses héritiers ou ayant cause. Ainsi le principe de publicité nécessaire en bonne économie à l'acquisition des droits réels est sacrifié.

2° Quant à la transmission des créances : à compter du décès, le légataire a un droit exclusif. Le legs a opéré un transport immédiat de la créance.

3° Quant à l'acquisition des fruits : la loi crée ici un sytsème spécial.

Le légataire particulier a droit aux fruits à compter du jour de sa demande en délivrance ou du jour auquel cette délivrance lui aurait été volontairement consentie. Cette règle souffre exception : 1° quand le testateur a exprimé une volonté contraire ; 2° lorsqu'une rente viagère ou une pension a été léguée à titre d'aliments; 3° quand le légataire est déjà en possession de la chose léguée.

Quant au legs universel, la loi distingue : le légataire aura la jouissance à compter du decès, si la demande en délivrance a été faite dans l'année; sinon, cette jouissance ne commencera que du jour de la demande formée en justice ou du jour que la délivrance aurait été consentie. Cette différence entre les deux legs s'explique par l'interprétation de la volonté du testateur, qui a entendu favoriser le légataire universel plus que le légataire particulier. Trois actions compètent aux légataires pour l'exécution de leurs legs :

L'action personnelle, l'action en revendication, conséquence de leur droit de propriété, et l'action hypothécaire que l'art. 1017 leur attribue *in solidum* contre tout détenteur des immeubles de la succession. Cette sûreté ne fait pas double emploi avec le bénéfice de la séparation des patrimoines, qui ne peut être invoqué quand on a accepté l'héritier pour débiteur.

Si le légataire est mieux traité que le créancier, c'est, dit-on, parce que celui-ci pouvait prendre des sûretés contre le *de cujus*.

4° Quant à la saisine : en général, le légataire n'a pas la saisine. Seul le légataire universel, lorsqu'il n'est pas en concours avec des réservataires, et que le testament est public, est saisi vis-à-vis des héritiers *ab intestat*. Si le testament est olographe ou mystique, il doit se faire envoyer en possession; c'est une précaution prise en faveur des héritiers *ab intestat,* afin d'empêcher un légataire non valablement institué de dilapider les biens; car dans ces testaments, le faux et les nullités sont plus à craindre que dans le testament public.

Le légataire universel en concours avec des réservataires doit leur demander la délivrance; car ceux-ci ont la saisine pour veiller à la conservation de leur réserve.

Le légataire à titre universel n'a jamais la saisine, non plus que le légataire à titre particulier.

*Effets passifs des legs.* — Les légataires sont soumis aux actions réelles en leur qualité de détenteurs, sauf leur recours contre le débiteur principal. Le légataire particulier étant successeur *in re singulari,* n'est pas tenu des dettes de la succession, car ces dettes grèvent l'universalité des biens. Toutefois, il ne sera jamais payé qu'après les créanciers : *nemo liberalis nisi liberatus.*

Les autres légataires sont tenus des dettes du défunt; mais comme ils ne sont que simples successeurs aux biens, tenus seulement en vertu du principe *bona non intelliguntur nisi deducto œre alieno,* ils ne supporteront les dettes que *intra vires successionis.*

Le légataire à titre universel contribue au payement des dettes proportionnellement à la quotité à laquelle il est appelé, quand il recueille une fraction de la totalité. Dans les autres cas, on calculera quelle fraction l'objet du legs représente dans l'universalité, et on mettra à la charge du légataire une fraction des dettes correspondante. Il contribue de même à l'acquittement des charges de la succession, parmi lesquelles l'art. 1016 fait entrer les frais de la demande en délivrance, mais cela seulement dans la limite du disponible.

Les frais d'enregistrement son dus par le légataire; l'enregistrement peut être spécial; c'est une dérogation aux anciens principes qûi obligeaient le légataire de faire enregistrer le testament tout entier, sauf son recours contre ses co-légataires.

Des légataires peuvent être soumis à l'obligation d'acquitter d'autres legs. Cette obligation est sous-entendue à l'égard du légataire à titre universel d'une nature de biens, pour tous les legs particuliers portant sur ces biens.

Quand il y a concours de légataires et d'héritiers, les règles de l'acquittement des legs ne sont pas les mêmes que celles du payement des dettes. Les dettes se divisent entre eux, et ils les payent au prorata de l'émolument que chacun d'eux recueille dans la succession. Au contraire, les legs sont uniquement à la charge du disponible, et c'est d'après cette unité que le calcul doit se faire.

### RÈGLES D'INTERPRÉTATION RELATIVES A L'EXÉCUTION DES LEGS.

Comment et en quel état la chose léguée doit-elle être livrée ?

L'art. 1018 répond : avec ses accesoires nécessaires et dans l'état où elle se trouvera au jour du décès, c'est-à-dire que les changements survenus avant la mort nuiront ou profiteront au légataire ; mais la loi n'entend pas obliger l'héritier de délivrer la chose telle qu'elle était au moment du décès, quels que soient les changements survenus entre cette époque et celle de la délivrance. Ainsi, dans tous les cas, les améliorations profitent au légataire, comme il supporte les détériorations, avant le décès par interprétation de la volonté du testateur, après par suite de sa qualité de propriétaire.

La conséquence du principe énoncé par l'art. 1018 se trouve dans lss art. 1019 et 1020. Si avant le décès la chose léguée a été hypothéquée pour une dette d'un tiers, ou si elle est grevée d'un usufruit, celui qui doit acquitter le legs n'est pas tenu de la dégager.

Sont compris dans le legs les embellissements ou les constructions nouvelles faites sur le fonds légué, ou l'enclos dont le testateur aurait augmenté l'enceinte. Mais il ne faut pas étendre cette règle aux acquisitions mêmes contiguës, dont le testateur aurait augmenté l'immeuble légué.

Contrairement au droit romain, le legs de la chose d'autrui est nul, soit que le testateur ait connu ou non qu'elle ne lui appartenait pas. Par chose d'autrui, il faut entendre seulement des corps certains et déterminés. Le legs d'une chose indéterminée, dit l'art. 1022, n'oblige pas l'héritier à la fournir de la meilleure qualité, comme il ne doit pas non plus la fournir de la plus mauvaise ; disons mieux : il doit la fournir d'une qualité moyenne. Le legs est une libéralité ; il ne doit donc pas être considéré comme un mode d'extinction des dettes : aussi le legs fait au créancier n'est pas censé fait en compensation de sa créance, ni le legs fait au domestique en compensation de ses gages.

DES EXÉCUTEURS TESTAMENTAIRES.

L'exécuteur testamentaire est la personne chargée par le testateur de veiller à l'accomplissement de ses volontés, que l'intérêt des héritiers ne garantit pas.

Il diffère du mandataire sous plusieurs rapports.

Le mandat exige le concours de deux volontés co-existantes. Il est révocable à la volonté du mandant ; il peut être confié à un incapable.

Il n'en est pas de même de l'exécution testamentaire. Le mineur même émancipé ne peut être exécuteur testamentaire. La femme mariée en communauté ou avec exclusion de communauté, ou sous le régime dotal, sans biens paraphernaux, ne le peut qu'avec l'autorisation de son mari. Si elle est séparée de biens, ou si, mariée sous le régime dotal, elle a des biens paraphernaux, elle peut accepter avec l'autorisation de justice, parce que la pleine propriété de ses biens répond de ses engagements.

L'exécution testamentaire ressemble au mandat en ce qu'elle est personnelle et ne passe pas aux héritiers de l'exécuteur. Cependant ceux-ci sont tenus des conséquences de la gestion de leur auteur.

### DROITS ET OBLIGATIONS DE L'EXÉCUTEUR TESTAMENTAIRE.

L'exécuteur peut être investi de la saisine, dont l'effet est de mettre à sa disposition tout ou partie du mobilier et jamais les immeubles. L'héritier peut toujours la faire cesser en justifiant de l'exécution des legs mobiliers ou en offrant à l'exécuteur une somme suffisante pour les payer. Cette saisine doit être formellement accordée par le testateur. Elle ne peut durer au delà de l'an et jour à compter du décès.

Les obligations de l'exécuteur testamentaire sont énumérées dans l'art. 1031. Ils feront apposer les scellés s'il y a des des héritiers mineurs, interdits ou absents. Ils feront faire, en présence de l'héritier présomptif ou lui dûment appelé, l'inventaire des biens de la succession. Ils provoqueront la vente du mobilier à défaut de deniers suffisants pour acquitter les legs. Ils veilleront à ce que le testament soit exécuté, et ils pourront, en cas de contestation sur son exécution, intervenir pour en soutenir la validité. Ils devront, à l'expiration de l'année du décès du testateur, rendre compte de leur gestion.

Quand le testateur a nommé plusieurs exécuteurs, il faut distinguer si le testament attribue à chacun d'eux des fonctions spéciales ou garde le silence sur ce point. Dans le premier cas, chaque mandataire n'a de pouvoir que pour l'objet qui lui est désigné, et sa responsabilité ne s'étend pas au delà. Quand il n'y a pas division des fonctions, la loi reconnaît à chacun des exécuteurs un pouvoir absolu, et, par suite, tous sont solidairement responsables du mobilier qui a pu leur être confié. Il en serait de même pour les exécuteurs qui, chargés de fonctions spéciales, seraient sortis des limites qui leur étaient tracées.

L'exécution testamentaire ne doit pas être onéreuse à celui qui l'accepte, aussi tous les frais relatifs aux fonctions de l'exécuteur sont à la charge de la succession ; mais d'un autre coté, elle est gratuite comme le mandat et l'exécuteur ne pourrait prétendre à un salaire.

# QUESTIONS.

I. Le testament mystique, nul comme tel, vaut-il comme testament olographe s'il est écrit en entier, daté et signé de la main du testateur? — Oui.

II. Le légataire universel est-il tenu des dettes *ultra vires?* — Non.

III. Quand le défunt laisse des aïeuls et des frères et sœurs, le légataire universel est-il saisi malgré la présence des aïeuls? — Oui.

IV. Le légataire à titre universel a-t-il droit aux fruits du jour du décès ou seulement du jour de sa demande en délivrance? — Du jour du décès.

V. Si après l'ordonnance d'envoi en possession l'héritier attaque le testament, est-ce à l'héritier ou au légataire d'en prouver la validité? — A l'héritier.

VI. L'héritier doit-il les legs *ultra vires?* — Non.

VII. Le testateur peut-il dispenser l'exécuteur testamentaire de l'obligation de faire inventaire et de rendre compte? — Non.

Paris. — Imprimerie de M^me V^e Dondey-Dupré, rue Saint-Louis, 46, au Marais.

www.ingramcontent.com/pod-product-compliance
Ingram Content Group UK Ltd.
Pitfield, Milton Keynes, MK11 3LW, UK
UKHW020917140726
13695UKWH00006B/2583